SINNVOLLE
FREIZEIT

Gerti Lang

Bauernmalerei

Alte Kunst – neues Hobby

Franckh'sche Verlagshandlung
Stuttgart

20 zum Teil farbige Zeichnungen von der Autorin und 41 Farbfotos von Ulrich Behrend (37) und Martin Lang (4)
Alle gezeigten bemalten Gegenstände sind Arbeiten aus der Werkstatt von Gerti Lang

Umschlag von Edgar Dambacher unter Verwendung eines Dias von Ulrich Behrend

Holländische Ausgabe: W. J. Thieme & Cie., Zutphen/Niederlande

CIP-Kurztitelaufnahme der Deutschen Bibliothek

Lang, Gerti:
Bauernmalerei : alte Kunst – neues Hobby / Gerti Lang. [41 Farbfotos von Ulrich Behrend u. Martin Lang]. – 5. Aufl. – Stuttgart : Franckh, 1984.
(Sinnvolle Freizeit)
ISBN 3-440-05270-2

5. Auflage / 31.–40. Tausend
Franckh'sche Verlagshandlung, W. Keller & Co., Stuttgart / 1984

Printed in Italy / Imprimé en Italie / L 9eg H os / ISBN 3-440-05270-2
Satz: Fotosatz Schönthaler, Ludwigsburg
Herstellung: Editoria s.r.l., Trento / Italien

Bauernmalerei

Entstehung und Geschichte der Bauernmalerei

Bevor ich auf die Entstehung und Geschichte der Bauernmalerei eingehe, möchte ich bemerken, daß Fachleute die Bezeichnung „Bauernmalerei“ nicht allzugerne hören. Gab es doch zu Zeiten der Entstehung dieser Kunstrichtung unter dem damaligen Bauernvolk nur sehr wenige Leute, die Talent sowie finanzielle und technische Möglichkeiten hatten, sich und ihre Umwelt in Form dieser Malerei darzustellen. Die Tagesarbeit war viel zu hart und die verbleibende Freizeit zu gering, um nebenher auch noch malen zu können.
Viel richtiger ist daher die Bezeichnung „volkstümliche Malerei“. Sie nahm etwa in der Mitte des 17. Jahrhunderts ihren Anfang, als sich die reichen Bürger in den Städten Schränke, Truhen, Tische u. ä. mit reichen Intarsienarbeiten (Einlegearbeiten) herstellen ließen. Der an derbere Arbeiten gewöhnte Tischler auf dem Lande konnte seine Kunden nicht immer zufriedenstellen, da Intarsienarbeiten schon damals sehr kunstvoll, aufwendig und somit zeitraubend und sehr teuer waren. So ging er dazu über, die Einlegearbeiten einfach zu kopieren, indem er das Holz in dieser Manier *bemalte*. Dies ge-

Abb. 1

schah meist anhand einer einfachen Schablonentechnik: Unaufwendige Ornamente wurden mit Schwarz und Rot/Schwarz auf das blanke Holz gemalt.
Es dauerte nicht lange und immer kunstvollere Motive wurden gewünscht. So entstanden zunächst Blumenornamente, Ranken und Vasen, die streng symmetrisch aufgebaut waren. – Natürlich richtete man sich nach Geschmack und Stil der damaligen Zeit, und so waren die Farben noch sehr gedämpft, dem Naturton des Holzgrundes angepaßt.
Bald beeinflußte das Barock, 17. Jahrhundert bis Anfang des 18. Jahrhunderts, mit seiner Farbenpracht auch diese Malerei.
In der zweiten Hälfte des 18. Jahrhunderts wurde die volkstümliche Malerei durch die Einwirkung des Rokoko noch verfeinert: Strenge Symmetrie wurde abgelöst durch zierliches Schnörkel- und Muschelwerk (Rocaillen) mit aufgelockerten asymmetrischen Motiven. Die Möbel wurden fast alle vollständig vorgestrichen (s. auch Seite 34ff.), die Farben wurden heller und freundlicher.
Während Anfang des 19. Jahrhunderts die Epoche des Empire wieder Strenge, ja fast Feierlichkeit brachte, malte man in der darauffolgenden Biedermeierzeit die Motive in gefälliger Medaillenform, und z. B. die Blumensträuße wurden mit Bändern und Schleifen zusammengehalten. – Die einfachen Hölzer versuchte man, mit imitierten Marmorierungen und Holzmaserungen zu bemalen und zu verschönern.
Mitte bis Ende des 19. Jahrhunderts ließ das Interesse an bemalten Möbeln und Einrichtungsgegenständen nach, ja man fand diesen Stil höchst unmodern, und die individuelle Note war nicht mehr in dem Maße wie zuvor geschätzt: Die industrielle Herstellung von Möbeln und Gebrauchsgegenständen hatte begonnen, das vorläufige Ende der „Bauernmalerei“ war gekommen, und für lange Zeit sollte diese alte Volkskunst in Vergessenheit geraten.
Das Kunststoffzeitalter hielt seinen Einzug!

Und der Trend heute?

Die drängende Mechanisierung und Technisierung, zwangsweise verbunden mit einer nicht mehr verkennbaren Versachlichung der Umwelt, zwang den Menschen in einen Umdenkprozeß, der sich in Streben nach Behaglichkeit äußert: Rein handwerklich gefertigte Originalstücke, individuell ausgesucht oder gebastelt, drängen zunehmend in den menschlichen Wohnbereich vor und bereichern somit das persönliche Wohnbehagen.

Symbole der Bauernmalerei

Beschäftigt man sich ernsthaft mit der Bauernmalerei, muß man sich, um die Sprache dieser Volkskunst tatsächlich verstehen zu können, auch mit der Bedeutung ihrer Zeichen, der *Symbolik*, befassen. Bemalte Bauernmöbel wiesen nicht selten über den Augenblick hinaus auf unvergängliche Werte und erfüllten somit die Sehnsucht der Menschen nach tieferen Sinnzusammenhängen.
Woraus schöpften die alten Bauernmaler ihre Ideen, woher nahmen sie den Formenreichtum, die ornamentale Vielfalt? – Sicher, sie hol-

Abb. 2

Die Rose
Christussymbol und Liebe
Das Höchste und Edelste

Die Tulpe
Das Flammende in Christus

Die Nelke
Die Nägel Christi

Der Lebensbaum
Kelch, Schale oder Vase; Behältnisse für die Kraft des Lebens; aufsteigende und zurückfließende Vielfalt des Lebens
Zeichen für den Wunsch nach einem guten Jahresverlauf

Füllhorn und Früchtekorb, gefüllt mit den Gaben der Natur
Sinnbild des Segens

Abb. 3

ten die Motive aus dem einheimischen Milieu, Landschaftsvorstellungen und die vier Jahreszeiten waren nicht selten. – Am häufigsten malten sie jedoch Blumen, wie Rosen, Tulpen, Nelken, Lilien, und Rosetten.
Gehen wir dem Ursprung dieser Motivwahl nach, so stellen wir fest, daß uralte Symbole in der Bauernmalerei immer wiederkehren. Das Firmament mit seiner Rhythmik, Naturkräfte, wie die Sonne als Licht- und Lebensspenderin, befruchtende Winde, segensreicher Regen und, nicht zu vergessen, das hilfreiche und zugleich verderbliche Feuer, umgaben den Menschen als Erscheinungen, denen er sein eigenes Dasein und sein Wohlergehen in verschiedenen Belangen verdankte und die ihn somit eine gewisse Abhängigkeit fühlen ließen. Das Resultat aus diesem Fühlen ist sinngemäß die *Symbolik,* das Verständlichmachen, Ausdrücken und Bedeuten durch Zeichen. Christliche und heidnische Symbole gleichermaßen kamen zur Verwendung. – Die Bedeutung der wesentlichsten unter ihnen sind in Abbildung 2 (Seite 9) und 3 erklärt.

Die heutige Bauernmalerei

Was kann bemalt werden?

Diese fast philosophische Frage ist relativ einfach zu beantworten: Im Prinzip alles, was aus *Holz* besteht und eine geeignete Oberfläche aufweist (s. dazu auch Seite 34ff.).
Die Gegenstände sollten schlicht und einfach geformt sein, da Verschnörkeltes und Geschnitztes nach der Bemalung überladen und geradezu kitschig wirken kann. – Abwechslung bringt die Bauernmalerei sowieso durch Farbenvielfalt in die Gegenstände. Die Palette der Objekte reicht vom kleinen Spandöschen oder Kleiderbügel bis zu Möbeln, die Ihnen gebraucht oder neu zur Verfügung stehen. Nun würde ich einem Anfänger als Erstlingswerk nicht gleich einen Schrank oder eine Truhe zur Bemalung empfehlen. – Viel besser und sinnvoller ist es, mit einfachen, flachen Gegenständen zu beginnen: Kleiderbügel, Vesperbrettchen, Holzteller oder Spandosen, vornehmlich aus Ahorn oder Buche, mit glatter Oberfläche, eignen sich besonders gut und lassen sich beispielsweise als kleine Geschenke für verschiedene Anlässe verwenden. Hobby- und Bastelgeschäfte

bieten Ihnen ein reichhaltiges Angebot an passenden und geschmackvollen *Rohholzartikeln* (s. Abb. 24, Seite 35).
Wenn Sie über diese ersten „Hürden“ hinweg sind und somit bereits entsprechende Erfahrungen gesammelt haben, steht Ihnen ein großes Betätigungsfeld offen und Sie können sich auch an größere Teile wagen: Möbel, ja ganze Zimmereinrichtungen lassen sich von talentierten Hobbymalern im Bauernstil gekonnt bemalen.

Der Arbeitsplatz

Der richtig angelegte und ausgestaltete Arbeitsplatz hat zweifelsohne einen großen Anteil am Gelingen Ihres Vorhabens.
Sicher ist es nicht immer leicht, alle Voraussetzungen und Notwendigkeiten eines optimalen Arbeitsplatzes zu erfüllen. – Trotzdem sollten Sie versuchen, einigen der wichtigsten Anforderungen nachzukommen.

Abb. 4

Abb. 5

Ein Tisch oder eine entsprechend montierte Sperrholzplatte, mindestens 1 × 1 Meter groß und 2 Zentimeter stark, eignet sich sehr gut als *Arbeitsplatte*. (Die Arbeitshöhe sollte 76 Zentimeter nicht überschreiten.) – Sehr günstig ist eine Platte mit nicht spiegelnder Resopaloberfläche auf zwei Holzböcken (s. Abb. 4). So kann man diesen doch recht sperrigen Teil der Ausrüstung bei Nichtgebrauch abbauen und platzsparend im Hause oder in der Wohnung unterbringen. Zudem ist die Resopaloberfläche sehr leicht von Farbspritzern und Farbrückständen zu reinigen. – Andere Arten von Oberflächen sollten Sie mit einer Polyäthylenfolie abdecken, weil sich von ihnen Farbflecken kaum mehr entfernen lassen.
Auf der Arbeitsplatte sollten alle Werkzeuge und Hilfsmittel, die im nachfolgenden Kapitel (Seite 14ff.) aufgeführt sind, einschließlich des Malguts, reichlich Platz finden.
Falls Sie einen in der Höhe verstellbaren *Drehstuhl* besitzen, können Sie das Problem der gesunden Körperhaltung bei Ihrem Hobby optimal lösen. Sie sollten möglichst hoch sitzen, damit Sie Ihren Arbeits-

platz ungehindert überblicken können und mit Armen und Händen genügend Bewegungsfreiheit haben.
Es ist wichtig, daß sich der Arbeitsplatz nicht zu nahe an einem Heizkörper befindet, und er nach Möglichkeit auch nicht direkter Sonnenbestrahlung ausgesetzt ist, denn dies wäre für Ihre Arbeit nicht von Vorteil:
Richtig ist eine Temperatur von 18 bis 20 Grad Celsius – größere Wärme ist für den Trocknungsprozeß ungünstig, da die Farben *zu schnell* antrocknen würden. Besonders, wenn Sie *naß in naß* malen, macht sich eine zu hohe Temperatur bald nachteilig bemerkbar –. Auch die Farben in den Döschen würden sehr rasch eintrocknen.
Den *Lichtverhältnissen* in Ihrer Hobby-Mal-Ecke ist besondere Aufmerksamkeit zu schenken: Direkte Sonneneinstrahlung sollte auch unter diesem Aspekt unbedingt vermieden werden. – Mischlicht ist keinesfalls zu empfehlen; eine Überanstrengung der Augen und die fehlende Möglichkeit der Beurteilung von natürlichen Farbharmonien wären die negativen Folgen. – Am besten ist schattenloses und gleichmäßiges Licht (Tages- oder Kunstlicht), möglichst von vorne einfallend.
Sobald Sie mit Farbe arbeiten, sollten Sie einen *Kittel* oder eine *Schürze* anziehen. Wie schnell macht man im Eifer des Gefechtes einen Farbfleck auf Rock, Bluse oder Hose und entdeckt ihn erst, wenn er angetrocknet und nicht mehr zu entfernen ist.
Den Arbeitsplatz als solchen habe ich nun beschrieben (Abb. 4 u. 5; Seite 12f.). An ihm können Sie Werkstücke bis zur Größe einer mittleren Truhe bearbeiten.
Der *Platzbedarf* Ihrer Hobby-Mal-Ecke um den Arbeitsplatz herum richtet sich jedoch nach Ihrer Produktionsmenge, denn Sie sollten jederzeit noch genügend Platz zum *Abstellen* von vorgestrichenen, teilweise oder ganz fertigen Werkstücken haben. – Ein Wandregal oder ein Beistelltischchen, auch ein Servierwagen, mit Folie abgedeckt, dienen Ihnen dabei in platzsparender und praktischer Weise.

Das Malwerkzeug

Aus dem riesigen Angebot von Werkzeugen in Hobby- und Bastelgeschäften ist es mitunter nicht ganz leicht, das passende Werkzeug für Ihr Hobby, die Bauernmalerei, auszusuchen. Die Abbildungen

Abb. 6

6 (oben), 7 (Seite 16) und 8 (Seite 17) zeigen die wesentlichsten Werkzeuge und Gerätschaften.

Für das *Malen* direkt benötigen Sie:

1. Vorstreich-Pinsel
2. Marderhaar-Pinsel
3. Kreidestift
4. Wasserbehälter (Plastik)
5. fusselfreie Leinenlappen
6. Schleifpapier, Nr. 180–220
7. Kork-Schleifklotz
8. Staub-Pinsel
9. Rührstäbchen
10. Lochbackstein
11. Pauspapier (kein Kohle- oder Blaupapier)
12. Farblose transparente Klebestreifen
13. Vorlagen-Mappe
14. Bleistift
15. Schraubenzieher
16. Büchsenöffner

Abb. 7

Für die *Aufarbeitung* von alten Gegenständen, die zuerst abgebeizt werden müssen, benötigen Sie noch folgende Dinge:

17. Abbeizpaste
18. Borstenpinsel
19. Metall-Spachtel
20. Drahtbürste
21. Holzkitt
22. Schleifstaub
23. weißer Holzleim
24. Schürze
25. Handschuhe
26. Nitro-Grundierung
27. Schwamm
28. Holzstäbchen
29. Grundier-Pinsel

Die *wichtigsten* Werkzeuge für den (die) Bauernmaler(in) sind die *Pinsel.*

Für die Bemalung sollen Sie unbedingt *Marderhaar-Spitzpinsel* verwenden. Sie sind nicht gerade billig. Aber der richtige Pinsel bester Qualität trägt ganz entscheidend zum Gelingen Ihrer Kunstwerke bei. – Es genügt in der Regel, wenn Sie sich Pinsel der Größe 6, eventuell noch der Größe 4, zulegen (s. Abb. 8).

Sind Sie dann glücklicher Besitzer eines Marderhaar-Spitzpinsel-Sets, sollten Sie dies auch schonend behandeln und gut pflegen. Entsprechend lange haben Sie Ihre Freude daran.

Der Handel bietet Marderhaar-Spitzpinsel von Qualität *immer* mit einer Plastik-Schutzkappe an. Achten Sie beim Einkauf stets auf dieses kleine, aber wichtige Detail und stülpen Sie diese Kappe nach beendeter Malerei *immer* über den ausgewaschenen Pinsel, der zur Aufbewahrung mit der Quaste nach oben in einen Behälter oder Lochbackstein gestellt wird.

Da wir für die Farben der heutigen Bauernmalerei nur Wasser und keine speziellen Lösungsmittel benötigen, werden die Pinsel auch nur mit *Wasser* ausgewaschen. Seien Sie dabei sehr gründlich: Schwenken Sie den Pinsel einige Male im klaren Wasser hin und her und trocknen ihn mit einem fusselfreien Leinenlappen ab. Dies

Abb. 8

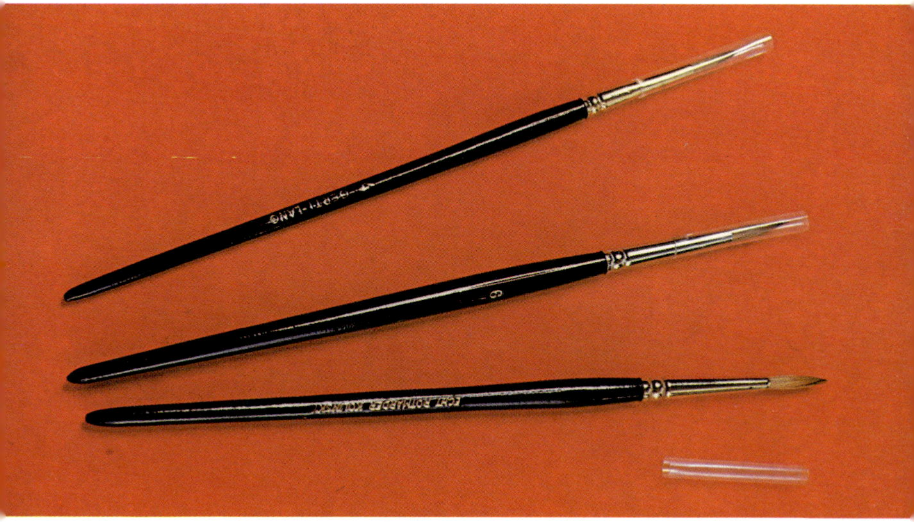

sollte mit einer *drehenden* Bewegung geschehen, damit sich die Haare zu einer schönen Spitze formen. – Ab und zu hat es Ihr Pinsel gerne, wenn man ihn in einer *Seifenlauge* auswäscht. Er wird es Ihnen mit großer Haltbarkeit danken.

Niemals sollten Sie den mit Farbe getränkten Pinsel weglegen, auch nicht nur für einen Augenblick, denn schon nach wenigen Minuten ist die Farbe dermaßen stark angetrocknet, daß sie sich nicht mehr vollständig entfernen läßt und der Pinsel somit unbrauchbar geworden ist. – Natürlich gibt es scharfe Pinselreiniger, die die angetrocknete Farbe wohl lösen, dabei aber die Haare so auslaugen würden, daß die Charakteristik eines Marderhaar-Spitzpinsels, nämlich eine gewisse *Elastizität,* die für die Technik der Bauernmalerei *unabdingbar* ist, völlig verloren ginge.

Schlecht wäre es auch, den Marderhaar-Pinsel längere Zeit im Wasser stehenzulassen. Durch das dauernde Gestauchtwerden und den dadurch entstehenden einseitigen Druck würden die Haare in kurzer Zeit ihre Elastizität verlieren und abbrechen.

Es ist im Augenblick sicher etwas verwirrend, so ausführlich beschrieben zu sehen, wie Marderhaar-Spitzpinsel behandelt werden sollen und wie nicht, doch Sie werden nach kurzer Praxis selbst feststellen, wie wichtig diese Hinweise sind.

Abb. 9

Zur Grundierung bzw. zum Vorstreichen von Werkstücken brauchen Sie *Vorstreich-Flachpinsel*. Mit den Breiten 2 und 4 Zentimeter sollten Sie eigentlich auskommen. Beachten Sie aber bitte: Je feiner und dichter die Pinselhaare sind, desto glatter wird die vorgestrichene, bzw. behandelte Holzoberfläche.
Mehrere *Behälter aus Plastik* sollten immer, gefüllt mit klarem Wasser, in Ihrer Reichweite stehen. Ebenso *fusselfreie Leinenlappen* von Taschentuchgröße zum Säubern Ihrer Malutensilien.
Ein *Lochbackstein* ist ein einfaches und universelles Hilfsmittel zur Aufbewahrung: Vom Hammer und Schraubenzieher bis zum Pinsel und Rührstäbchen hat darin alles übersichtlich und auf kleinstem Raum Platz (Abb. 9).
Pauspapier (s. auch Seite 15) benötigen Sie, um Motive von Vorlagen auf Ihr Malgut übertragen zu können. Im Handel ist dies unter der Bezeichnung „Schneider-Kopierpapier“ (Schneiderpapier), meist in den Farben weiß und gelb erhältlich. – *Reißnägel* oder *Klebefilm* sind zum Befestigen der Vorlagen nötig.
Zum direkten Aufzeichnen eigener Entwürfe auf die vorgestrichenen Flächen verwenden Sie am besten Kreidestifte.
Diese Zusammenstellung von Werkzeugen und sonstigen Hilfsmitteln dürfte nun so umfangreich sein, daß Sie bis zu „mittleren“ Aufgaben (z. B. eine Truhe) hin gut ausgerüstet sind.

Die Farben

Auswahl der Farben, Basiskenntnisse, Handhabung, Sortiment, Säuberungsmittel

Früher, d. h. in der klassischen Zeit der Bauernmalerei, stellte man die Farben aus Naturprodukten her. So wurde zum Beispiel Rot aus Ochsenblut gewonnen und Schwarz stellte man aus Kienruß her. Um Grün und Braun zu erhalten, kochte man Walnußschalen aus, und Blautöne gewann man aus Kornblumen oder Heidelbeeren. Als Bindemittel für diese Grundstoffe diente zunächst das aus Magermilch bereitete Kasein (Käsestoff). Später verwendete man Eidotter, Bier oder Leim. Es ist anzunehmen, daß nahezu jeder volkstümliche Maler seine Farben nach eigenen, wohlgehüteten Rezepturen herstellte, die über Generationen hinweg weitervererbt wurden.

Ab dem letzten Drittel des 18. Jahrhunderts gab es dann Ölfarben, wobei Leinöl als Bindemittel für die Farbpigmente benutzt wurde. Wieviel einfacher haben es die Hobby-Bauernmaler der heutigen Zeit dank der modernen Chemie: Im Fachhandel wird eine reichhaltige Palette von modernen gebrauchsfertigen *Acryl-Mattfarben* angeboten. Diese Farben sind Ton in Ton aufeinander abgestimmt, lichtecht, wetterbeständig, mit Wasser verdünnbar und trocknen in 15 bis 20 Minuten *tuchmatt* auf. Nach dem Trocknen ist Acryl-Mattfarbe vollkommen griff- und wasserfest.

Achten Sie darauf, daß Sie alles, was zu Ihrer Malerei gehört, von ein und derselben Herstellerfirma beziehen. Diese rundum abgeschlossenen Programme sind technisch und farblich geschmackvoll aufeinander abgestimmt.

Acryl-Mattfarben werden unverdünnt zur *Grundierung* von kleinen und großen Flächen benutzt und verhalten sich sehr gut deckend. Zum *Bemalen* des Dekors kann dieselbe Farbe aus demselben Behältnis wie zur Grundierung verwendet werden. – Acryl-Mattfarben können auch pastös, das heißt dickpastig, und erhaben aufgetragen werden. Dies erhöht sicher den Reiz des bemalten Werkstückes nach dem *Patinieren.*

Wenn Sie einen Gegenstand aus Holz mit einer besonders schönen Maserung bearbeiten, diese Maserung aber nicht unter Farbe (dekkend) verstecken wollen, können Sie Acryl-Mattfarbe mit Wasser verdünnen und lasierend (durchsichtig) verarbeiten. – Ich empfehle Ihnen aber in jedem Falle, zuerst ein *Probestück* anzufertigen.

In der Bauernmalerei verwendet man vorwiegend gedeckte Farben, die schon entsprechend aufbereitet angeboten werden, so daß Sie sich ein Mischen grundsätzlich ersparen können.

Als *Grundausstattung* genügt es, wenn Sie sich 6 oder 7 verschiedene Farbtöne beschaffen. Die Farbenhersteller bieten in ihren Gesamtsortimenten jeweils mehrere Farbtöne einer Grundfarbe an. Als Beispiel möchte ich die spezifischen Bezeichnungen der einzelnen Farben aus einem Herstellerprogramm verwenden. Es sind dies: A = Weiß, B = Schwarz, C = Ocker, D = Grün, E = Braun, H = Rot, F = Blau.

Dazu gibt es noch sehr schöne Zwischentöne, die sich besonders als *Grundierfarben* eignen: V = Moosgrün, AG = Antikgrün, AT = Bayrischblau, AB = Antikblau, U = Ochsenblut.

Zusätzlich für Schrankfüllungen und Zierflächen wird eine weiße *Spachtelfarbe* angeboten. Diese wird dick aufgetragen und mit einem borstigen Pinsel („gestupft“ oder „gewischt“) strukturiert. Sie können

Abb. 10

auch einen Kamm oder ein gebrochenes Stück Sperrholz verwenden und damit wellenartige Rillen ziehen.
Mit Spachtelfarbe lassen sich heute dieselben Effekte erzielen wie früher mit der *Kleistertechnik*. (Beachten Sie Seite 46.)
So problemlos und einfach diese Farben in der Handhabung auch sind, sollten Sie doch einige wesentliche Dinge beachten: Acryl-Mattfarben für die Bauernmalerei werden in Dosen und (neuerdings) in Gläsern angeboten. Die Farben in Gläsern mit Schraubverschluß und Spezialeinsatz (zum dosierten Abstreichen der Farbe; s. auch Abb. 10) sind sehr zu empfehlen. Dieser spezielle Einsatz kann nach Beendigung Ihrer Malerei abgenommen, ausgewaschen und wieder eingesetzt werden. Dadurch wird verhindert, daß sich der Behälter durch angetrocknete Farbe nicht mehr luftdicht verschließen läßt. Vor dem Gebrauch sollte die Acryl-Mattfarbe mit einem Holz- oder Plastikstäbchen aufgerührt werden. Ist die Farbe zu pastös, geben Sie während des Umrührens *tropfenweise* Wasser zu, um die richtige Konsistenz zu erzielen. – Eine Wasserzugabe kann auch nötig sein, wenn Sie über Stunden hinweg malen. Sollte bei fortwährendem Gebrauch am Behälterrand Farbe antrocknen, läßt sich diese mit einem spitzen Gegenstand oder einem alten Messer leicht abkratzen. Es ist nicht ratsam, die Farbtöpfchen beim Malen in die Sonne

zu stellen oder den Malvorgang in der Sonne vorzunehmen (s. auch Seite 14).
Das wäre alles über die Farben. Und nun wird es spannend, denn im nächsten Kapitel werden *Sie* Hauptakteur.

Die Technik der Bauernmalerei

Handhabung von Pinsel und Farbe; Übungen, Übungsmotive

Wie ich in den letzten Kapiteln versucht habe, Sie mit dem richtigen Material und Werkzeug vertraut zu machen, so möchte ich Sie jetzt in den wichtigsten Teil dieses Buches, nämlich in die Technik der Bauernmalerei, einführen.
Genau betrachtet besteht sie nur aus wenigen, prinzipiellen Pinselstrichen oder, besser gesagt „Kommas", die sich ständig wiederholen. – Aber eben diese „Kommas" müssen geübt werden, denn so einfach sind sie nun auch wieder nicht zu malen.
Auf die Bedeutung des richtigen Pinsels habe ich Sie an anderer Stelle (s. Seite 17) bereits hingewiesen.
Nehmen Sie den Pinsel, tauchen Sie ihn in das Gefäß mit Wasser und schwenken Sie ihn einige Male hin und her. Danach wischen Sie ihn an einem sauberen, fusselfreien Leinenlappen ab, aber nicht derart, daß die Haare gestaucht werden – sondern Sie streifen ihn mit einer *Drehbewegung* ab, um eine schöne Spitze zu erhalten.
Tauchen Sie dann den Pinsel so weit in die Farbe, daß die Haare zur Hälfte bis zu zwei Dritteln damit bedeckt sind. – Nicht abstreifen, wenn Sie aus dem Farbbehälter gehen, Naß-in-Naß-Malerei erfordert *viel Farbe*. Sie sollten jeweils so viel Farbe aufnehmen, wie Sie für ein „Komma" (größer oder kleiner) ohne Absetzen benötigen.

Übungen
a) Abbildung 11: Setzen Sie die Pinselspitze senkrecht auf den Malgrund. Während Sie fest, aber mit Gefühl, aufdrücken, so daß die Pinselhaare auseinandergehen, fahren Sie (zuerst in waagerechter Richtung) los, nehmen dabei den Druck auf den Pinsel wieder weg und schwingen zu einem „Komma" in Körperrichtung aus. – Die Pinselhaare haben sich am Ende des „Kommas" wieder zu einer Spitze geschlossen.

Abb. 11

b) Abbildung 12: Holen Sie erneut Farbe auf Ihren Pinsel. Setzen Sie die Pinselspitze wieder steil auf den Malgrund, fahren Sie los und verstärken erst *allmählich* den Druck auf den Pinsel, so daß die Haare auseinandergehen. Gegen Ende des Striches wird der Pinsel wieder hochgezogen, daß sich seine Haare wieder zu einer Spitze schließen.

Abb. 12

Der Pinsel liegt bei diesen Übungen auf dem Mittelfinger auf. Benutzen Sie den kleinen Finger oder den Handballen als Stütze. Sie können auch zusätzlich eine Hand auf die andere stützen und haben so eine weitere Hilfe für einen sicheren Pinselstrich.
Die Übungen werden jeweils einmal nach rechts, dann nach links ausgeführt und wiederholen sich im Prinzip ständig. Üben Sie so lange, bis diese Bewegungen wie selbstverständlich sehr flüssig aus Ihrem Handgelenk kommen und nicht mehr verkrampft und zittrig wirken. – Schwungvoll wird Ihre Bauernmalerei erst, wenn Sie *herzhaft* an das Ganze herangehen.

Entwurf und Aufbau der einzelnen Blüten und Ornamente

Was malt man in der Bauernmalerei am häufigsten? Es sind einzelne Blüten, Ranken und Ornamente!
Die früheren Bauernmaler, die, wie schon erwähnt, von Symbolen beeinflußt waren, wählten die *Rose* als die Königin der Blumen, Sinnbild der Liebe, als das Höchste, das Edelste. Ihr folgten die Tulpe, die Nelke, die Korbblütler wie z. B. die Margerite.

Auch wir haben diese Blüten übernommen. In ihrer Darstellungsweise gibt es verschiedenartige Formen und Stilrichtungen, geprägt von Epochen, Landschaften und markanten Künstlern.
Ich möchte nun versuchen, Ihnen anhand von geometrischen Figuren zu zeigen, wie einfach man eine Rose, Tulpe oder Nelke selbst aufzeichnen kann und wie die malerische Gestaltung vor sich geht.

Die Rose (Abb. 13)

Figur 1: Aus den gezeigten Hilfslinien und Kreisen ersehen Sie die Symmetrie der Rose, basierend auf drei Kreisen. – Versuchen Sie, so gut wie möglich diese Gebilde nachzuzeichnen.
Figur 2: Tauchen Sie nun Ihren Pinsel in braune oder schwarze Farbe und bemalen den kleinen (oberen) Kreis.
Figur 3: Ohne den Pinsel auszuwaschen, entnehmen Sie rote Farbe, umrahmen mit zwei Pinselstrichen den kleinen braunen (bzw. schwarzen) Kreis und füllen dann, indem Sie immer wieder neue rote Farbe holen, den mittleren Kreis mit „Kommas" (s. Seite 22f.) aus.
Bei den Blütenblättern malen Sie jeweils rechts und links von außen zur Mitte hin, ebenfalls in immer wiederkehrenden „Kommas".
Figur 4: Waschen Sie dann Ihren Pinsel in Wasser aus, trocknen ihn ab und setzen anschließend mit Weiß die Lichter auf den dunklen Punkt und das zuerst gemalte, noch nasse Rot. Nur so erreichen Sie effektvolle Lichter!

Die Tulpe (Abb. 14)

Figur 1: Bei der Tulpe dient uns wieder der Kreis als Hilfskontur.
Figur 2: Nehmen Sie Ocker auf den Pinsel und füllen das *mittlere* Blütenblatt zügig damit aus.
Figur 3: Danach malen Sie das linke und dann das rechte Blütenblatt ebenfalls in Ocker.
Figur 4: Um die Lichter aufzusetzen, gehen Sie, ohne den Pinsel auszuwaschen, gleich in Weiß, setzen beim mittleren Blütenblatt wieder zuerst an und schattieren etwas ab. Dann geben Sie sowohl auf das linke als auch auf das rechte Blütenblatt entsprechend weiße Lichter.

Rechte Seite von oben nach unten: Abb. 13. Rose; Abb. 14. Tulpe; Abb. 15. Nelke; Abb. 16. Rosette

Die Nelke (Abb. 15, Seite 25)

Figur 1: Die Nelke entwickelt sich ebenfalls aus einem dreifach abgeteilten Kreis.
Figur 2: Beginnen Sie unten links mit roter Farbe und holen Sie nach jedem zweiten Pinselstrich neue Farbe. Malen Sie die Blütenblätter strahlenförmig von außen nach innen.
Figur 3: Nehmen Sie, ohne den Pinsel auszuwaschen, weiße Farbe auf und setzen Sie auf die roten, noch nassen Pinselstriche weiße Lichter auf.
Figur 4: Mit dem ausgewaschenen, abgetrockneten und spitz geformten Pinsel gehen Sie in grüne Farbe, nehmen noch etwas Schwarz auf die vorderen Pinselhaare und malen mit länglichen „Kommas" den Blütenkelch.

Die Rosette (Abb. 16, Seite 25)

Figur 1: Zwischen dem äußeren und inneren Kreis plazieren Sie vier, fünf oder sechs kleinere Kreise, die zukünftigen Blütenblätter.
Figur 2: Malen Sie mit weißer Farbe die äußeren Blütenblätter.
Figur 3: Dann waschen Sie den Pinsel aus, trocknen ihn ab und bemalen mit Rot den mittleren Kreis. Holen Sie auf die Pinselspitze noch etwas Weiß und setzen ein kleines „Komma" als Licht darauf.
Figur 4: Waschen Sie den Pinsel erneut aus und malen Sie mit blauer Farbe in die noch nassen, weißen Blütenblätter kleine Schattierungen.

Die Rosenknospe (Abb. 17)

Figur 1: Auch die Rosenknospe hat als Grundkontur den Kreis. Ein senkrechtes Oval, mit einem darunterliegenden gequetschten kleinen Kreis, ergibt die eigentliche Rosenknospe. Die seitlichen Blätter werden als innerhalb des Kreises liegende „Henkel" angesetzt.
Figur 2: Malen Sie das Oval mit Rot aus, nehmen Sie danach, ohne den Pinsel auszuwaschen, etwas Weiß auf die Pinselspitze und setzen damit ein Licht auf.
Figur 3: Danach waschen Sie den Pinsel aus, nehmen grüne Farbe

Rechte Seite von oben nach unten: Abb. 17. Rosenknospe; Abb. 18. Korbblütler; Abb. 19. Blätterwerk

und gleichzeitig auf die *Pinselspitze* noch etwas Ocker auf. Damit rahmen Sie die Knospe nun mit schwungvollen Strichen ein.
Figur 4: Den spitzen Steg (Stiel) in der Mitte, das mittlere Kelchblatt und die kleinen Striche über der Blüte malen Sie ebenfalls in Grün-Ocker.

Die Korbblütler (Abb. 18, Seite 27)

Die Korbblütler werden in den Sträußen schon immer als ausschmükkendes Beiwerk verwendet. Wir finden sie in verschiedenen Formen und Farben.
Figur 1: Zeichnen Sie auch für diese Blüte einen Gesamtkreis und unterteilen diesen in acht Blütenblätter.
Figur 2: Nehmen Sie weiße Farbe auf die Pinselspitze und malen Sie mit langgezogenen Schwüngen die Blütenblätter aus. Mit den vordersten Pinselhaaren holen Sie etwas Ocker und Braun und malen den Punkt in der Mitte aus.
Figur 3: Bei *dieser* Blüte zeichnen Sie eine leicht ovale Form (Ellipse) vor.
In diese Form plazieren Sie ein wenig über dem Mittelpunkt eine kleinere Ellipse, wodurch sich nach Einfügen der Blütenblätter der perspektivische Eindruck einer Krümmung ergibt.
Figur 4: Nehmen Sie Weiß auf den Pinsel, und beginnen Sie mit dem Ausmalen beim *längsten* Blütenblatt in der Mitte. Holen Sie für jedes weitere Blütenblatt wieder neue Farbe, und malen Sie mit jeweils einem Pinselstrich die immer kürzer werdenden Blütenblätter aus.

Das Blätterwerk (Abb. 19, Seite 27)

Auch in der Bauernmalerei gehört eigentlich zu jeder Blüte ein Blatt. Es darf jedoch nicht zu stark in den Vordergrund treten, sondern immer nur die harmonische Verbindung zu den einzelnen Blüten bilden. Die naturgetreue Darstellung spielt dabei keine Rolle, es können ohne weiteres Phantasieblätter entstehen. *Immer* aber sollten die Blätter sehr schwungvoll und lebendig zu den Blüten gemalt werden.
Figur 1: Das stilisierte *Rosenblatt* malen Sie mit Grün, holen danach

Abb. 20 (rechte Seite).

noch etwas Ocker auf die Pinselspitze und erhalten damit eine Schattierung auf dem Blatt.
Figur 2: Für das Phantasieblatt nehmen Sie gleich zwei Farben auf den Pinsel, nämlich Grün und Ocker, drücken fest auf und schwingen zu einem „Komma" aus. – Im Kapitel über die Pinseltechnik (s. Seite 22f.) habe ich diesen Schwung schon erklärt.

Verschiedene Blütenformen (Abb. 20, Seite 29)

Vielleicht haben Sie beim Betrachten alter bemalter Bauernmöbel schon festgestellt, daß nicht alle Rosen gleich aussehen, sondern in Art und Form sehr unterschiedlich gestaltet und ausgeführt sein können.
Tatsächlich sind in der Bauernmalerei alle möglichen Arten von der einfachen symbolhaften Form über die naturalistische bis zur abstrakten oder geometrischen Form möglich.
Zu jeder Rosenart gehört die entsprechende (passend gestaltete) Tulpe oder Nelke. – Für Sie ist also bei der Zusammenstellung der Blüten wichtig, sie im Stil aufeinander abzustimmen. Das heißt: Zur einfachen Rose auch eine einfache Tulpe oder Nelke.
In der Farbtafel auf Seite 29 (Abb. 20) finden Sie, untereinander angeordnet, die jeweils in etwa zueinanderpassenden Blüten.

Schnörkel und Randverzierungen (Abb. 21)

Jedes Bild braucht einen passenden Rahmen. – So könnte man die Frage nach der Gesamtgestaltung eines bäuerlichen Motives mit entsprechenden Schnörkeln und Randverzierungen beantworten. Denn in der Bauernmalerei begnügt man sich nicht damit, nur die Innenflächen eines Werkstückes zu bemalen. – Vielmehr gehört es *immer* dazu, auch *Rahmen* und *Randfelder* zu verzieren, um dem Hauptmotiv eine ausgewogene Umrahmung zu verleihen.
Ich empfehle zum Beispiel für ein heiteres, vielfarbiges Hauptmotiv einen schlichten, ruhigen Rahmen, da *konträre* Elemente den Gesamteindruck eines Motives immer *ausgleichen* können.
Darüber hinaus sollten natürlich die *Proportionen* von Motiv und Rahmen zusammenpassen. Zum Beispiel darf ein zierlicher Blumenstrauß nicht von einer zu wuchtigen Randverzierung optisch erdrückt werden.

Abb. 21 (linke Seite).

Einen Leitsatz müssen Sie in jedem Falle beachten: Die *dominierenden* Farben des Hauptmotives sollten sich stets auch in Randverzierungen wiederfinden.
Die Farbtafel Abbildung 21 ist nur als Denkanstoß für die Gestaltung von Zierrändern gedacht, da hierbei Ihrer Phantasie keine Grenzen gesetzt sind.

Vasen, Krüge, Körbe, Füllhörner (Abb. 22 und 23)

Vasen, Krüge, Körbe und auch Füllhörner gehören zu den typischen *Gefäßen* in der Bauernmalerei, denn nicht immer kann man die vielen Blumensträuße und Bukette mit Schleifen binden oder mit Girlanden versehen.
Bei der Auswahl des Gefäßes für Ihren bäuerlichen Blumenstrauß sollten Sie sehr sorgfältig vorgehen, damit beide in Stil und Farbe zusammenpassen.
Auch hier sollen die Farbtafeln zum Selbstgestalten anregen, denn wie viele Variationen von Vasen und Krügen sind doch denkbar und für unsere Bauernmalerei passend!

Abb. 22 (linke Seite); Abb. 23 (unten).

Vorbehandlung der zu bemalenden Gegenstände

Sie sind nun durch die vorhergehenden Kapitel über die notwendigen Voraussetzungen für die praktische Bauernmalerei informiert.
Nun ist es soweit! In Ihrer Hobby-Mal-Ecke soll sich endlich etwas tun. Im Klartext: Die ersten Blumen und zaghaften Ornamente sollten auf den ausgesuchten Spandosen, Tellern etc. entstehen. – Vielleicht wollen Sie sich gar schon auf ein altes Stück stürzen, um es zu verschönern.
Alles schön und gut! Aber zuvor müssen Sie diese einzelnen Stücke schon noch für das Bemalen vorbereiten. Es gibt zwei grundsätzliche Vorbereitungsarten für Holz:
a) Vorbereitung von neuen Stücken;
b) Vorbereitung von alten Gegenständen, die schon in irgendeiner Art bemalt sind bzw. behandelt wurden.
Und das Wichtigste: Falls Sie das Glück hatten, einen alten bemalten Schrank, Stuhl, eine bemalte Truhe, Vitrine oder ähnliches zu erstehen, lassen Sie dies gute Stück zuerst von einem Fachmann dahingehend prüfen, ob es eventuell eine wertvolle alte Malerei trägt. – Versuchen Sie nicht, mit Ihren Hobbykenntnissen Restaurateur zu spielen. Nicht allein, daß Sie unter Umständen wertvolles Gut beschädigen oder zerstören würden, *Sie selbst* könnten sich in materieller Hinsicht sehr schaden: Wertvolle alte bemalte Bauernschränke repräsentieren heute mitunter einen Wert von mehreren tausend Mark. – Also Hände weg vom Restaurieren! Überlassen Sie dies einem Fachmann!
Nun zu unseren Vorbereitungen. Ein neues, rohes (noch nicht bemaltes) Werkstück aus Holz soll für die Bemalung hergerichtet werden. Kleine Holzteile wie Spandosen, Holzteller oder Schlüsselbrettchen streichen Sie insgesamt *zweimal* mit der entsprechenden Farbe *vor* (s. Seite 36). Den *ersten* Anstrich lassen Sie normal trocknen, und nach ein bis zwei Stunden wird das Werkstück mit Schleifpapier, Körnung 180 bis 220, abgeschliffen. – Benutzen Sie dazu auf keinen Fall Schleifleinen, das *ausschließlich für Metalle* gedacht ist! Dabei sind die Holzfaserhärchen oder Rauheiten im Stirnholz sehr gut und sicher einzuebnen.
Das Werkstück muß sich nach diesem Schliff rundum weich und

Abb. 24

glatt anfühlen und darf keine scharfen Kanten mehr aufweisen. Dann wird es mittels eines weichen Staubpinsels vom Schleifstaub gereinigt und erhält in satter Manier mit einem entsprechend breiten Flachpinsel den *zweiten* Anstrich, der nach Möglichkeit immer in *Holzmaserrichtung* aufgebracht wird. *Nicht mit Farbe sparen!* Achten Sie dabei aber besonders auf „Rotznasen“ (Farbschlieren), die Sie sofort verziehen müssen. Nun können Sie nach dem Trocknen das gewünschte Dekor aufzeichnen.
Bei *größeren* neuen Gegenständen, ich würde sagen ab mittlerer Truhengröße, sollte das Rohholz zu seinem Schutz und auch gegen Schimmel- und Blaupilzbefall *vorgrundiert* werden. Dazu ist Nitro-Schnellschleif-Grundierung (Schnellschliffgrund) zu verwenden (erhältlich in Geschäften für Maler- und Bastlerbedarf). Die Trocknungszeit ist äußerst kurz, so daß Sie nach einer halben Stunde bereits mit dem Schleifen beginnen können.
Große Flächen sind mit Glaspapier, Körnung 180 bis 220, *Schleifkork*, (Schleifklotz) und in Maserungsrichtung zügig zu schleifen. – Profile, Ecken und andere Feinheiten werden ohne Klotz, nur mit dem direkten Druck der Fingerspitzen oder Handballen auf das Glaspapier geschliffen.

Nach gründlichem Entstauben kann mit dem *ersten* Vorstrich begonnen werden: Tragen Sie die Farbe reichlich auf. *Zuerst* wird sie quer zur Holzmaserungsrichtung verteilt; wenn die ganze Fläche satt bedeckt ist, wird „vertrieben", das heißt *in Richtung* der Holzmaserung wird die Farbe gleichmäßig in langen Pinselzügen verteilt. – Hier muß schnell gearbeitet werden, denn quergestrichene und anschließend nicht längsvertriebene Farbe wird spätestens beim Patinieren wieder sichtbar.
Nach ein bis zwei Stunden ist die Grundierung soweit getrocknet, daß der zweite Feinschliff mit Glaspapier, Körnung 180 bis 220, erfolgen kann. Achten Sie bitte auf die Glätte und Weichheit der Flächen und Kanten.
Dann wird der *zweite* Anstrich aufgetragen, der gleichzeitig die fertige Oberfläche des Werkstückes darstellt. Auch hier gilt: Farbe satt auftragen, quer verteilen und in Richtung der Holzmaserung oder entsprechend dem Längsverlauf eines Profils „vertreiben". Wie bereits gesagt, unbedingt querliegende Pinselstriche vermeiden, da beim Patinieren diese Fehler unübersehbar auffielen.
Nach ein bis zwei Stunden können Sie die Motive übertragen (aufzeichnen) und selbstverständlich mit der Dekorbemalung beginnen.

Nun zum Vorbehandeln von *gebrauchten* Gegenständen, die bereits in irgendeiner Art und Form bemalt oder gestrichen sind: Besorgen Sie sich zuerst ein *Abbeizmittel,* der Fachhandel berät Sie bestimmt sehr gut, wenn Sie den Verwendungszweck genau angeben. – Verwenden Sie grundsätzlich nur *gebrauchsfertige* Abbeizmittel (Gebrauchsanweisung beachten!), und tragen Sie bei der Verarbeitung *unbedingt* Gummihandschuhe, damit Ihre Haut nicht angegriffen wird!
Die Einwirkungszeit des Mittels richtet sich nach der Stärke der vorhandenen Farbschichten. Wenn sich die Farbe wellt und abschuppt, können Sie sie mit einem Metallspachtel vorsichtig abschieben. Achten Sie darauf, daß die Spachtelkanten keine tiefen Riefen in das darunterliegende Holz ziehen, damit vermeiden Sie unnötige Beschädigungen.
Wird mit der ersten Behandlung die alte Farbschicht nicht vollständig erfaßt, muß der ganze Vorgang, wie beschrieben, wiederholt werden. Nach vollständiger Entfernung der Farbschichten wird das Werkstück mit einem Schwamm und viel klarem Wasser gründlich abgewaschen. Dadurch wird dem Abbeizmittel die Wirkung genommen und Sie haben die Gewähr, daß die neuen Farben auch dauerhaft halten werden.

Das Trocknen des Werkstückes soll unter *normaler Zimmertemperatur* erfolgen und kann sich über mehrere Tage hinziehen. In der Regel kann die Nitro-Schnellschleif-Grundierung nach drei bis vier Tagen aufgetragen werden, nachdem die Flächen gut abgeschliffen wurden. – Danach erfolgt die gleiche Behandlung und Bearbeitung, wie ich sie bereits in bezug auf neue Holzgegenstände beschrieben habe.

Schäden am Werkstück und ihre Behebung

Folgende Schäden können auftreten:

a) ausgebrochene Splitter, Kratzer, Dellen;
b) teilweise fehlende oder beschädigte Leisten und Profile;
c) Holzwurmbefall.

Im Fall a) können Sie in der Regel „plastisches Holz“ (Holzkitt) auf Nitro-Basis zur Korrektur verwenden. Es wird mit dem Spachtel in die Schadstellen *gedrückt*. Nach dem Trocknen schleift man es mit Glaspapier eben. – Bei sehr tiefen Schäden muß eventuell ein zweites Mal mit diesem Holzkitt gespachtelt werden, um nachgetrocknete Stellen zu egalisieren.
Die geschliffene und staubfreie Spachtelung kann wie das restliche unbehandelte Holz mit Farbe vorgestrichen werden.
Zu b) ist zu empfehlen: Bei ausgebrochenen, „angemorschten“ oder sonstwie beschädigten Profilleisten und Stäben können Sie sich mit einiger Fingerfertigkeit eine kostspielige und oft schwierige Neuanfertigung ersparen: Schleifstaub und feine Sägespäne mit weißem Holzleim gemischt, ergeben eine absolut festhaftende Paste, die entsprechend dem Profil *aufgebaut* und *verzogen* werden kann. – Man kann in beliebig vielen Schichten aufbauen, muß jedoch dazwischen immer eine gewisse *Trocknungszeit* einrechnen.
Durch abschließendes Schleifen erhalten Sie nach dem Aufbringen der Farbe ein Gesamtbild, in dem sich die ausgebesserte Stelle nicht mehr ausmachen läßt.
Zu c): Der Schaden, den der Holzwurm anrichtet, geht im Laufe der Zeit bis zur *Vernichtung* der befallenen Gegenstände.
In Drogerien und guten Farb-Fachgeschäften bietet die moderne Chemie eine Reihe von wirksamen Präparaten an, mit denen Sie selbst gegen den Holzwurm vorgehen und somit alte, wertvolle Möbel wirksam schützen können.
Der Gang zum Fachmann lohnt sich immer!

Übertragung eines Motiv-Entwurfes

Dieses Kapitel soll zusammenfassend die Entstehung eines Motives beschreiben. Die nebenstehende Farbtafel (Abb. 25) zeigt dies in *vier* Hauptstufen, dargestellt auf einer in AT-Blau (s. Seite 20) grundierten Fläche.

Arbeitsgang 1, Abb. 25 links oben:
Die Übertragung eines Motives auf ein Werkstück kann auf verschiedene Art und Weise ausgeführt werden.
Die einfachste Art ist, mittels *Schneiderpapier* (Pauspapier), weiß oder gelb, zu übertragen. Die beschichtete Seite dieses Papiers legen Sie auf Ihr Werkstück. Darauf kommt die Motiv-Vorlage. Nun werden die Konturen des Motivs auf der Vorlage mit einem mittelharten, spitzen Bleistift nachgefahren. Sie sollten darauf achten, daß sich während dieses Vorgangs Ihre Vorlage nicht verschiebt. Vorsichtshalber können Sie Motiv-Vorlage und Pauspapier mit Klebestreifen oder Stecknadeln auf dem Werkstück befestigen.
Eine weitere Möglichkeit des Übertragens: Schraffieren Sie die Rückseite des Entwurfes mit einem weichen Bleistift oder streichen Sie diese mit *Graphitpuder* ein; auch *Schulkreide* in weiß oder bunt, je nach Farbe der Grundierung, ist dafür gut geeignet.
Auf keinen Fall sollten Sie Kohlepapier oder Blaupapier zum Durchpausen verwenden. Die dunklen Linien würden durchschlagen und nach der Bemalung erkennbar bleiben.
Haben Sie sich für ein besonders hübsches Motiv entschieden, das aber in der Größe nicht zu Ihrem Werkstück paßt, können Sie mit Hilfe eines *Storchenschnabels* (Pantograph) das Motiv vergrößern oder verkleinern und auf diese Weise passend für Ihr Vorhaben gestalten.
Das Motiv auf der Farbtafel wurde mit weißem Schneiderpapier auf die Grundfläche übertragen.

Abb. 25 (rechte Seite).

Arbeitsgang 2, Abb. 25 rechts oben:
Nun beginnen Sie mit der Bemalung. Als erstes sollten Sie alle im Motiv enthaltenen *Blüten* und *Schnörkel* vollständig fertigmalen.

Arbeitsgang 3, Abb. 25 rechts unten:
Nach dem vollständigen Trocknen der Blüten und Schnörkel wird das Gesamtmotiv durch das Ausfüllen mit *Blätterwerk* fertiggestellt.

Arbeitsgang 4, Abb. 25 links unten:
Kontrollieren Sie Ihre Malerei auf *Vollständigkeit,* einschließlich der Schattierungen.

Nun kann *patiniert* werden. Verfahren Sie nach der Beschreibung auf Seite 51 f. und Ihr Werkstück präsentiert sich nach dieser Behandlung in einem antiken Schimmer.

Das erste Werkstück

Sicher haben Sie sich beim Durchlesen der vorhergehenden Kapitel überlegt, was wohl das geeignetste erste Werkstück für Sie sein könnte.
Daß ein flacher, möglichst einfacher Gegenstand für den Anfang gut geeignet ist, habe ich bereits erwähnt.
Nun wollen Sie dieses Erstlingswerk auch mit einem ansprechenden Motiv ausstatten, und so bleibt die Frage, ob Sie sich einen eigenen Entwurf zutrauen oder ob Sie erst mal nach einer passenden Vorlage arbeiten. Bei meiner Kurstätigkeit erfahre ich immer wieder, daß fast alle Teilnehmer sehr gerne auf Vorlagen zurückgreifen. Ich empfehle dies auch, vor allem, wenn der Kursteilnehmer kein großes zeichnerisches Talent besitzt, durch Vorlagen aber in der Lage ist, kleine und große Motive zu gestalten und auch so Freude an diesem Hobby haben kann. Vorlagen für Motive der Bauernmalerei werden heute in allen Stilrichtungen und Größen angeboten. Wählen Sie sehr sorgfältig, immer passend für den zu bemalenden Gegenstand.
Mein Vorschlag für Sie: Versuchen Sie es zuerst mit einem Holzteller (Abb. 27a, b, c, d, e, f, g, h; Seite 42f.), dessen Bearbeitung ich Ihnen stufenweise in Wort und Bild erklären werde. (Motiv-Vorlage s. Abb. 26.)

Abb. 26

Abbildung 27a: Unbehandelter Holzteller.
Abbildung 27b: Vorder- und Rückseite, mit Ausnahme der Innenfläche, werden in der von Ihnen gewählten Farbe *vorgestrichen,* in diesem Falle habe ich Rot gewählt.
Nach einer Trocknungspause wird auch die Innenfläche (hier mit Weiß) vorgestrichen. Dann wieder trocknen lassen.
Nach etwa zwei Stunden kann der gesamte Teller mit Glaspapier *geschliffen* werden. Dann wird er *entstaubt* und *gesäubert,* der *zweite Anstrich* wird nun in satter Manier vorgenommen. Am besten ist es, zuerst die Vorderseite, dann die Rückseite zu bearbeiten. Wieder trocknen lassen.
Die *Innenfläche* kann nun in Weiß oder mit Spachtelfarbe, wie an unserem Beispiel-Werkstück, behandelt werden. Hier wurde die

Spachtelfarbe satt aufgetragen und mit einem borstigen Pinsel senkrecht gestippt (Abb. 32, Seite 47, Muster 1).
Über Nacht trocknen lassen!
Abbildung 27c: Im nächsten Arbeitsgang werden die *Zierkanten,* innen und außen, (mit Blau) angelegt. Es ist eine diffizile Arbeit! – Etwaige Ausrutscher in das fertige Rot oder Weiß sind jedoch leicht durch Überstreichen wieder zu beheben.
Abbildung 27d: Nun wird mit gelbem Pauspapier (beschichtete Seite nach unten, s. auch Seite 38) die Motiv-Vorlage (Abb. 26, Seite 41) sorgfältig, ohne zu verschieben, auf die Innenfläche des Tellers übertragen. Die Abbildung zeigt das fertig aufgepauste Motiv.
Am Tellerrand wird eine *Hilfslinie* gezogen, an der die Ranken angefügt werden können.
Abbildung 27e: Nun kommt die *Blumen- und Ornamentmalerei.* Zuerst die Blüten in der Innenfläche, eine nach der anderen. Trocknen lassen.
In der Zwischenzeit wird der *Tellerrand* mit Weiß, zwei „Kommas" oder Schwünge oben, zwei unten, verziert. – Versuchen Sie, einen schönen Übergang zwischen den einzelnen Schwüngen zu erzielen.
Abbildung 27f: Diese Abbildung zeigt das *fertig* gemalte Blumenmotiv, nachdem die Blätter in Grün mit Schattierungen zwischen die Blüten gesetzt wurden.
Abbildung 27g: Hier wird das Einstreichen mit *Patina* gezeigt. – Keine Angst, wenn dies auch erschreckend aussieht! Der Vorgang des Patinierens wird auf Seite 49ff. erläutert.
Abbildung 27h: Das fertige Produkt!
Ich wünsche Ihnen, daß Ihr erstes Werkstück gelingt.

Abb. 27 a bis f (linke Seite), Abb. 27 g und h (unten).

Abb. 28

Die Abbildungen 28 bis 31 zeigen Motiv-Vorschläge zur beliebigen Verwendung.

Abb. 29

Abb. 30

Abb. 31

Strukturen und Zierflächen

Im 17. und am Anfang des 18. Jahrhunderts bediente man sich der *Kleistermalerei*, um zusammen mit Bunt- und Schablonenmalerei die der Bauernmalerei entsprechende Gestaltung von Füllungen und Zierflächen zu erreichen.

Der Kleister wurde früher, wie die Farben, vom Maler selbst hergestellt. Hauptsächliche Zutaten waren Weizenpudermehl und sehr viel Eiweiß und Stärke. – Heutzutage könnte man auch natürliches Backpulver verwenden. Doch sollten wir uns nicht mehr als Kleisterkocher versuchen: Anstelle des „Eigenbau-Kleisters" können wir heute auf *Spachtelfarbe* (s. auch Seite 20) zurückgreifen.

Die Verarbeitung ist denkbar einfach. Kann man doch genauso wie bei den Ihnen bereits bekannten Acryl-Mattfarben (s. Seite 20f.) verfahren.

Spachtelfarbe hat eine wesentlich höhere Konsistenz als Acryl-Mattfarbe und kann deshalb wesentlich dicker aufgetragen werden.

Der Auftrag erfolgt, in einer oder mehreren Schichten, mit Pinsel oder Spachtel auf den vorbereiteten Holzgrund. Nach zwei bis drei Minuten kann man mit flachem oder rundem Pinsel die entsprechenden Effekte erreichen. Die Tafel mit vier Grundstrukturen (Abb. 32) soll Ihnen zeigen, welche Möglichkeiten durch Verwendung von Spachtelfarbe gegeben sind. Die *linke* Reihe zeigt fertige *weiße* Strukturen, die *rechte* Reihe zeigt die gleichen Strukturen nach der Behandlung mit *Patina.*

Sie können einen alten Kamm, einen abgebrochenen alten Sperrholzstreifen, einen borstigen Pinsel und ähnliches verwenden, um eine Grundstruktur nach Ihrer Wahl zu erhalten. Die aufgestauchten Spitzen der Struktur werden nach dem Anziehen, durch *Verziehen* mit einem Flachpinsel in eine Richtung und dagegen, wieder nivelliert. Die Struktur sollte sich immer nach der Größe oder Art des zu bemalenden Gegenstandes richten. *Merke:* Kleine Gegenstände feine Struktur, größere Flächen gröbere Struktur.

Nach Fertigstellung der Struktur ist ein gründlicher *Trocknungspro-*

Abb. 32 (rechte Seite).

Abb. 33 (oben links); Abb. 34 (oben rechts); Abb. 35 (unten).

zeß unbedingt notwendig, der je nach aufgetragener Dicke der Spachtelfarbe zwischen 12 und 24 Stunden (gegebenenfalls auch länger) dauern kann.

Nur eine voll durchgetrocknete Struktur ist zur Weiterverarbeitung geeignet.

Man sollte besonders darauf achten, daß die *Oberfläche* der Struktur nicht zu rauh oder zerklüftet ist, damit das aufzutragende Motiv auch *geschlossen* gemalt werden kann.

Wenn nun die Zierfläche fertig bemalt ist, kann das *Patinieren* erfolgen. Wie dies geschieht, wird im nächsten Kapitel (Seite 51f.) noch genau beschrieben.

Die Abbildungen der Schrankfüllung (34, s. auch Abb. 39, Seite 53), der Bütte (33) und des Kästchens (35) zeigen genau, wie ein Werkstück durch diese Art der Bearbeitung gewinnt.

Mittels der Spachteltechnik hat man überdies die Möglichkeit, zum Beispiel großflächige, glatte Schranktüren, die ohne eingenutete Füllungen gearbeitet sind, optisch aufzulockern. Die Unterteilung einer Fläche durch Farbton und Oberfläche in symmetrische Bereiche ergibt eine aussagekräftige Gestaltung, die in Verbindung mit einem dekorativen Motiv einen Gegenstand wertvoller, oder besser gesagt, *gediegener* erscheinen läßt.

Das Patinieren

Nun ist es nicht so, daß alte Bauernmöbel den echten antiken Schimmer vom Ruß und Schmutz der Jahrhunderte erhalten haben. Vielmehr überzogen schon die damaligen Bauernmaler bemalte Gegenstände mit *Patina.* Sie verwendeten ihre eigene Patina, deren Rezept meist streng geheimgehalten wurde, als einen Schutz für die aus Naturprodukten angerührten Farben.

Wir verwenden Patina heute, um die harten Kontraste der Farben zu *mildern* und um den Gesamteindruck *harmonischer* erscheinen zu lassen. – Natürlich auch, um frisch bemalte Stücke *älter* wirken zu lassen.

Die Patinierung hat noch einen Vorteil: Manche malerische Ungenauigkeit wird durch sie verdeckt.

Wie wird patiniert und was brauchen Sie dazu? (S. auch Abb. 36.)
1. Patina
2. Umbra bräunlich
3. Pinsel
4. Handschuhe
5. Untersatz
6. Stahlwolle
7. Leinenlappen, fusselfrei
8. Seidenmatt-Lack

Wieder wird es dem heutigen Hobby-Maler leichtgemacht. Er ist nicht mehr gezwungen, Patina nach einem bestimmten Rezept *selbst* herzustellen, sondern kann sie im Handel schon als gebrauchsfertiges Patina-Set (bestehend aus Patina-Öl und einer Ölfarbe in Umbra/bräunlich) beziehen.

Abb. 36

Abb. 37, 38

Nun zum Vorgang des Patinierens:

Wenn Sie nur einen *kleinen, flachen* Gegenstand patinieren wollen, nehmen Sie einen fusselfreien Leinenlappen, tränken diesen mit Patina-Gemisch und geben einen Klacks Ölfarbe aus dem Patina-Set darauf. Sie können damit Ihr Werkstück entsprechend dunkel einfärben.

Für *größere* Gegenstände ist es ratsam, die Umbra-Ölfarbe mit Patina-Öl in einem flachen Gefäß zu einem Patina-Gemisch anzurühren. Ein Blechdeckel oder ein ausgedientes Schälchen oder ein Teller leistet dabei gute Dienste.

Mit einem Pinsel streichen Sie zuerst alle Ecken und Rillen ein. Dann formen Sie einen weichen Baumwoll- oder Leinenlappen zu einem etwas größeren Ballen, tränken ihn mit dem Gemisch und reiben damit alle *glatten* Flächen ein. – Bearbeiten Sie immer *ein* abgeschlossenes Feld auf einmal.

Nach wenigen Minuten Einziehen wischen Sie die überschüssige Pati-

Abb. 39 (rechte Seite)

na mit einem frischen, ebenfalls weichen Lappen ab, wobei Sie *strahlenförmig* von innen nach außen arbeiten sollten.
Die *Mitte* der Fläche, die meist ein hübscher Blumenstrauß ziert, sollten Sie wieder ziemlich *aufhellen* und gegen den Rand hin die Patina etwas mehr *stehenlassen.* Achten Sie auf einen *weichen* Übergang!
Sollte Ihnen die Patinierung etwas zu dunkel geraten sein, keine Angst, Ihr Werk ist deshalb nicht unbrauchbar geworden: Da Patina in der Regel erst nach 24 Stunden trocknet, können Sie also noch einige Stunden nach dem Auftragen die patinierte Fläche *nacharbeiten,* indem Sie nur Patina-Öl auf einen Lappen geben, um dort, wo sie Ihnen zu dunkel scheint, wieder aufzuhellen.
Wird nun der bemalte und patinierte Gegenstand häufig benutzt und muß ab und zu abgewaschen werden, ist es nötig, zwei bis drei Wochen nach dem Patinieren eine Beschichtung mit *Seidenglanz-Lack* vorzunehmen. – *Hochglänzend* sollte kein bemaltes Werkstück behandelt werden, denn Bauernmalerei ist immer *matt.*
Damit ist Ihr bemaltes und patiniertes Werk fertig und findet sicher allseits großen Anklang!
Nun aber noch ein wichtiger Hinweis!!

Vorsicht!!
Ein mit Patina-Öl getränkter Lappen kann sich von selbst entzünden! Lassen Sie *niemals* einen gebrauchten Lappen nach dem Patinieren achtlos liegen, sondern geben Sie ihn immer sofort in ein wassergefülltes Glas mit Schraubdeckelverschluß. – Eine andere Vorsichtsmaßnahme ist, den Lappen sofort nach Gebrauch in einen Plastikbeutel zu stecken, Wasser dazuzuschütten und alles in den Abfalleimer zu werfen.

Aus der Bauernstube

Auf den nachfolgenden Seiten habe ich eine Auswahl von Arbeiten zusammengestellt, die den großen Anwendungsbereich der Bauernmalerei veranschaulichen und Ihnen Anregung zu eigenem Gestalten geben soll.

British airways

Nachwort

Ich habe in diesem Buch versucht, Sie in die Praxis der Bauernmalerei einzuführen. Es soll nichts weiter sein, als eine Anregung, Sie dieser Malerei näherzubringen.
Falls Sie nach den ersten erfolgreichen Gehversuchen ernsthaftes Interesse zur Weiterbildung in dieser Volkskunst verspüren, empfehle ich Ihnen zuerst den Besuch von qualifizierten Heimatmuseen, um dort die Werke bekannter und unbekannter Meister der Bauernmalerei zu sehen und zu empfinden.
Darüber hinaus können Sie sich anhand eines reichhaltigen Angebots an einschlägiger Fachliteratur, darunter sehr interessanten Bildbänden, in die Bauernmalerei vertiefen.

Museen und Sammlungen

Basel: Schweizerisches Museum für Volkskunde
Bayreuth: Museum der Stadt Bayreuth
Berlin: Museum für deutsche Volkskunde
Feuchtwangen: Heimatmuseum
Hamburg: Altonaer Museum
Innsbruck: Tiroler Volkskunstmuseum
Karlsruhe: Badisches Landesmuseum
Linz: Oberösterreichisches Landesmuseum
München: Bayerisches Nationalmuseum
Nürnberg: Germanisches Nationalmuseum
Regensburg: Museen der Stadt Regensburg
Schwäbisch Hall: Heimatmuseum
Würzburg: Mainfränkisches Museum
Wunsiedel: Fichtelgebirgsmuseum

Weiterführende Literatur

Baur-Heinold, Margarete: Deutsche Bauernstuben. Königstein/Ts., 1975

Colleselli, Franz: Tiroler Bauernmöbel. Innsbruck (Österr.), 1974

Deneke, Bernward: Bauernmöbel. München, o. J.

Döllgast, Johannes: Alte und neue Bauernstuben. München, 1962

Güthlein, Hans, und Ritz, Josef Maria: Das Feuchtwanger Heimatmuseum (Die bayerischen Heimatmuseen I). O.O., o. J.

Hanhart, Rudolf: Appenzeller Bauernmalerei. Niederteufen (Schweiz), 1970

Hillenbrand, Karl: Bemalte Bauernmöbel aus württembergisch-Franken. Stuttgart, 1956

Kislinger, Max: Alte Bauernherrlichkeit. Alte bäuerliche Kunst, Band I und II. Linz (Österr.), 1957 und 1963

Kugler, Anton: Bauernmöbel. München, 1977

Ott, Margrith: Das Ornament im bäuerlichen Kunsthandwerk des Kantons Appenzell. Zürich (Schweiz), 1945

Ritz, Josef Maria/Ritz, Gislind M.: Alte bemalte Bauernmöbel. München, 1975

Ritz, Gislind M.: Alte bemalte Bauernmöbel in Europa. München, 1970

Walter, Max: Bemalte Bauernmöbel im hinteren Odenwald. Bayerisches Jahrbuch für Volkskunde). O.O., 1954

Sachregister